MW01229805

POEMAS,

CANTARES

Y

REFLEXIONES

Miguel Antonio Medina

1. Quien soy.

Mi nombre es Miguel Antonio Medina. Nací en Caracas, Venezuela, en 1950. Me licencié en Contaduría Pública en la Universidad Católica Andrés Bello, en Caracas en 1974, e hice estudios superiores en administración, auditoría y economía en Chicago, Boston, Ciudad de México, Cali y Caracas. Me he desempeñado como Contador Público Independiente y Consultor Gerencial en empresas privadas y públicas, además de profesor en cátedras de administración, contabilidad y finanzas en universidades venezolanas, habiendo publicado un Diccionario de Contabilidad y Administración en 1998 (ISBN 980-366-201-5) y Monografías y Ensayos sobre cátedras de Dirección y Administración de Empresas, Riesgos Empresariales, Planificación Estratégica, Finanzas y Contabilidad Gerencial.

Desde 2005, resido en Pampatar, bello pueblo colonial, en playa al Mar Caribe, a donde me vine a ejercer la dirección general ejecutiva de una empresa comercial en la Isla de Margarita. He tenido una vocación artística con afanes por la pintura y la literatura. Este es mi primer libro de poemas y reflexiones, no como un trabajo sino como una forma de orar y agradecer al Creador.

2. Descripción del contenido.

En este libro recojo mis pensamientos y emociones, sobre ciertas percepciones del entorno, reunidos en una selección de poemas, cantares y reflexiones, algunos publicados en la redes sociales entre amigos, la mayoría de carácter inéditos, en los cuales expreso en humildes versos o prosas esos sentimientos, sueños o delirios del alma en la travesía por la vida, tratando de compartir con el lector la actitud de su *raigambre en el devenir humano en nuestros días.*

Índice.

5

1. A los Pasos del Tiempo.

Entre futuro y pasado
Mejor sueño en presente.

Entre mañana y ayer
Mejor vivo hoy.

Entre después y antes
Mejor prefiero el ahora.

Entre minuto y segundo
Mejor amo a mi Dios.

Porque entre caprichos y deseos,
Sólo hago realidad
Aquellas fantasías con ilusiones
De verdad!

2. Abriendo Caminos.

Todo día cae ante el Ocaso de su sol,
Mañana otro renace con su Aurora en nueva luz.
Así es la vida entre sueños y delirios,
Se dejan unos para emprender otros.
Con cantos y alegrías, anhelando
A tu lado, Sol, la Fe y la Esperanza.

No hay caminos abiertos,
Andando vamos surcando inimaginables caminos.
Como la barca necesita vientos
Para poder navegar,
La vida alientos por amor suspirar.

Nada es eterno ni infinito,
Este meollo espacio-tiempo es cambiante y dinámico.
Con cada primavera, tantas
Flores bellas llegarán, y después........ se marcharán!
Y en otoño, cuántas

Hojas lindas........ya secas...... volarán!

Oh, duende vida! No te detengas,
Seguid adelante y acompáñame abriendo esos
caminos.....

3. Amanecer en Margarita.

A lo alto en Mi cielo, los pelícanos sobre los vientos
vuelan.
Abajo en mi Mar, los peces bailan y cantan,
Mientras aplauden con sus colas,
A pescadores en el horizonte que se alejan.

Los niños lloran y ríen,
El amor de sus hadas madrinas.
No hay lugar para un Amén
En mi rosal de tunas y espinas.

Los sapos se visten con escamas
Engañando a víboras y águilas,
Como arrozales y mucamas,
Adornando tierras y camas.
Sin saber cuán noble las vigilas.

Hoy, día cumpleaños,
De mi mujer amada,
Le deseo mis ensueños
De este Amanecer en luz sagrada.

4. La Verdad.

Oh Dios!
Tu luz es fuente de optimismo,
Energía de la vida,
Derrote a la mentira
Desaparición del pesimismo.

Mantengo sublime Fe y Esperanza
En la belleza suprema de esa Margarita.
Cómo lo es la confianza
Al culto de la amistad y de tu Amor.

Siendo obra de tu Creación,
Alcanzar la Verdad es imposible
Sin recorrer largos caminos,
Menester explorar variados senderos y destinos.
Si llegare a ella, permíteme disfrutar y compartir la
esencial naturaleza de su misión.

5. Jesús, en Ti Confío.

En camino al mundo de tus cielos,
Sigo Tu luz sagrada,
Conquistando mis anhelos,
Ejecuto la misión asignada.

Suerte de Amor único,
Cabalgan nubes entre montañas,
Navegan olas sobre mares,
En busca de sus destinos.

La vida es una paradoja,
Cuando se puede no se quiere,
Y cuando se quiere no se puede.
Hay alguien que escoja.?

Senderos, encrucijadas, laberintos
Sin tiempo..........sin estancias.
En amplitud y distancias
Del océano vida, cuáles recintos.

Jesús, en Ti confío!
Sigue iluminando mis caminos,
Como el Sol cada amanecer,
Y la Luna el anochecer.

6. Ráfagas de Delirios.

- No hay nada bueno ni malo frente a la luz del Universo; solo el pensamiento humano rompe la neutralidad del equilibrio de la Naturaleza.

- Oh Dios! Hay muchas cosas extraordinarias frente al Sol, la Luna y las Estrellas, pero me puedes decir porque la Luz es la obra maestra de tu Creación?

- En una tarde lluviosa, en la orilla de la playa, frente a la terraza de mi lar, vi una sombra silenciosa salir entre las espumas blancas de las olas de la Mar. La seguí de cerca hasta tropezarme con ella entre lirios, tunas y cardones del jardín, percibiendo que Ella era el alma de mi madre susurrándome su amor que me cuida todavía.

- Amigo, porqué lloras por Amor? Acaso no sabes que es una energía fugaz, así como llega se va! En la travesía de la vida todo cambia, nada es eterno, salvo las olas en la Mar.

- Oye hombre! No critiques ni juzgues a los demás. Conócete y respétate primero a ti mismo. No olvides que Dios solo te ampara después de la muerte.

- Oh, Mar y Cielo! Porque esa gabarra abandonada está afeando el horizonte del escenario de mi mundo marino?

- Ay! Quién se esconde detrás de esa sombra sin ton ni son?

- Oh Dios! Si los sueños son una proyección de la realidad de la vida con las formas de la mentira, entonces, qué es la verdad?

- Acá, esperando que mis lirios agotados por los rayos de sol, sean refrescados por el rocío salitroso de otra noche frente al Mar!

- Paradoja dicotómica:
Amar es volar al cielo, pero volar al cielo es amor?
No tengáis miedo en vuelos y sueños a tomar,
Así como gaviotas vuelan sobre la brumas de la Mar.

- ¡Qué maravilloso es tener sueño,
Dormir como un lirón,
Roncar como un león
Y despertar con el trino del gorrión!

- Llego la alegre Aurora porque ya se fue la noche Oscura.

- Oh madre mía! No entiendo; explícame porqué si en el alma humana vive la humildad y la pasión, a una la mata la crueldad y a la otra le falla la razón?

- En la silenciosa oscuridad de esa noche marina, se escucha detrás de una bruma salinosa, el murmullo del canto de libertad de los peces, cuando navegan himnos de paz en las estrellas.

- Esa luz ama tanto su soledad que prefiere no dar sombras para evitar que las sigan a todas partes!

- El binomio de luz y sombra es inseparable, al lado de una está la otra, salvo en la penumbra cuando se juntan en matrimonio.

7. Elegía al Alma de mi Madre.

Buenos días Carmencita,
Dice tu negrito al levantarse.
Apenas llega el Amanecer para la cita
Comienza Tu azul cielo por fuego sol iluminarse.

Tus bellos negros ojos, llenos de viveza,
Siguen sembrado
La santa luz en mi alma,
Vida y añoranzas.

Luz de rayos cae como ráfagas
Sobre las olas de mi Mar.
Las mojadas arenas de Pampatar
Los reciben como destellos del Amor que tú me das.

Cuando niño me decías:
Recitadme un cuento para mí.
Hoy le pedí a Cristo, vuestro Salvador,
Me ayudara escribir estas humildes letras para ti.

Siempre sueño tu alergia,
Doy gozo tu sonrisa contemplar,
Tus sabias palabras bellas,
Fuente de luz y estrellas.

Mis senderos alumbrad
Pregonando Fe y Esperanza
En el destino de la Verdad
Y la creación de Dar.

Ante la dimensión de tu Sabiduría.
Con el amplio cielo de grandeza,
Por darme el amor que querías,
Conquisté la flor de tu Nobleza.

Bajo iluminación de tus luceros,
Atento estoy en humildes raudo,
Y al caminar en variados esteros

Deseo seguir siendo hijo tuyo en tu cielo adorado.

Bendición madre mía!
Que Cristo Jesús, siga teniéndote en
Su Santa Gloria.
Te amo!

8.   Canto a Pariaguán.

Llanura hermosa,
Llanura maravillosa.
A tu Cristo vengo a rezarle,
Y entre canto y paso, algo rogarle.

En vegetación de campos floridos,
Paraiso de árboles multicoloridos,
Rumian toros, vacas y becerros,
Entre esa llanura y más llanura, a veces cerros.

Morichales, oasis de aguas,
Manantiales naturales de tu suelo,
Adornan tus tierras y horizontes
Dando vida y sueños a sus gentes.

Llanura hermosa,
Llanura maravillosa.
Cielo y tierra en hora buena,
Surcando arado, visten preciosa
La tarde, cuanto trueno resuena.

Se aparecen rayos destellando
Luz y claridad al crepúsculo
Y al alba de mi noche,
Diamante de estrellas brillando
El firmamento sin derroche.

Llanura hermosa,
Llanura maravillosa.
Donde las mujeres aman

Y los llaneros cantan
Himnos de trabajo y libertad
Bregando su Felicidad.

Llanura hermosa,
Llanura maravillosa.
Doy loas a tu Dios
Por bendecir tierra tan generosa!

9.   Canto del Sueño Eterno.

Que de dónde vengo o de dónde soy?
Que importa eso!
La vida es un carrusel de sueños e ilusiones.
Inmerso estoy en un mundo de pensamientos e ideas;
Un mundo cambiante, articulado o desarticulado,
Real o imaginario, material o espiritual,
Con señales o sin ellas,
Pero mi mundo querido al fin.

Tengo los sueños que quiero soñar.
Los sueños que me han llevado donde estoy y quiero
estar.
Aquellos que como la brisa lleva a la hoja caída del
árbol,
Sin saber cuál suelo abonar,
Pero abono, siempre vida va a dar,

Vivo los sueños que con la experiencia
y conocimientos de la travesia,
Me permiten abrir senderos y caminos al andar,
Mares de aventuras navegar,
Montañas al cielo a escalar,
Nubes en desiertos cabalgar,
Sin miedo a fracasos o caídas,
Libre de ataduras,
Sin afanes de victorias mundanas,
Solo para sentir que he vivido.

Voy con mis sueños y delirios al mundo donde quiero
estar.
Allí donde escuchando el arrullo de las olas de la Mar,
Entretenido por el sonido del vuelo de las aves,
En el fondo del espesísimo horizonte de mi cielo,
Como el rocío de las flores dan
Su fragancia al aire inundar,
Y múltiples colores de la atmósfera
Transparentan de luz la noche,
Dando un día más a la vida.

Cabalgando cuál Quijote su Rocinante,
Llevo mis sueños e ilusiones a desconocidos
Espacios, cielos y mares,
Sin otear los reflejos de los luceros
Ni el humor de las estrellas y soles,
Solo para comprender que es
Más grandioso el espíritu del Amor
Que la materia o cualquier éter de algo,
Pues vinimos al mundo
Sin nada y sin nada nos vamos!

Que importa ya adónde voy, o de dónde vengo, o quien
soy,
Si con la edad de las vivencias, soñando a Sócrates,
Sólo sé que no sé nada,
Pero aprendido que todo lo que llega pasa,
Mientras el universo sigue su expansión, y nada se
detiene,
Si avanzando estoy viviendo
Mis sueños de Amor y Libertad!

10. Cántico al Cristo del Buen Viaje.

Que descansada vida,
Huir del ruido y seguir la senda
Que a la Mar va yendo sin destino,
Tan segura de ayudar al peregrino.

Hoy más que ayer,
Se hace necesario vivir Tu atardecer,
Para encontrar a Dios
Antes del Amanecer.

Mi enamorada bahía de Pampatar.
Frente a ti vivo y rezo ante el Altar,
De tu Cristo del Buen Viaje,
Andando en los destinos de tu Mar.

A ti Cristo Redentor,
No me desampares siendo mi Señor,
Para seguir viviendo bajo tu honor,
Y seguir siendo un pregonero de tu Amor Salvador.

11. Vida Más que Menos.

Una Diosa le pregunto a un Trovador:
"Si hoy supieras que te queda tan sólo un día de vida,
Qué harías?"

El, muy osado y corajudo, respondió:
Nada de nada!
A ningún Hoy lo cambiaría por un Ayer o un Mañana.
He servido y vivido con:

Más luz que oscuridad;
Más estrellas que meteoros;
Más cielos que mares;
Más agua que sequía;
Más madre que orfandad;
Más amores que odiares;
Más humildad que vanidad;
Más alegrías que tristezas;
Más logros que desaciertos;
Más amigos que rivales;
Más salud que enfermedad;
Más naturaleza que dinero;
Más victorias que derrotas;
Más ilusiones que decepciones;

Más risas que llantos;
Más gratitudes que pesares;
Más poesía que tragedia.............

Oh, Diosa mía, por haber vivido he tenido:
Más Dios que diablo!

Entonces, porqué angustiarme en hacer
Mañana algo distinto
A lo que hice en el Ayer, sabiendo que
Hoy es la vida a vivir, sin miedo a morir...
Más dormir que despertar...
En Océanos de fantasías y ensueños!

12. Luna sin Amor.

Luna, se me hizo tarde,
Mientras el amor de aquellos besos
Quedaron sin alientos ni sesos,
Aunque mi pasión rearde.

No hay presente sin pasado,
Ni futuro sin presente.
Hoy, luna mía, inconscientemente,
Dejaste a mi Patria bajo cielo nublado.

La Libertad es el más preciado don,
Que Dios lego al hombre,
Y aunque nadie la nombre,
Si la perdéis, seréis desgraciado.

Como Dios a los luceros,
Y sus serbios a las piadosas fuentes,
Anhelo que tu luz ilumine los senderos
De las patriotas mentes,
Con clásica humildad
Por bien de la Humanidad.

13. Jardín Xerófilo.

Sus espinas mis flores,
Sus aromas mis dolores,
Sus bellezas mis sabores,
Y del mar, las perlas de mil amores!

14. Cántico a la Virgen del Valle*.

Oh, Madre, reina del mar, del cielo y de la tierra
Venezolana y Universal!
Oh, Virgen madre, ante ti me rindo
E imploro tus bendiciones
Para mi pueblo soberano y tu humilde servidor!

Otro, 8vo septiembre, día de tu Sacramento,
Será un día de júbilo, movilización social, marcha
Y oraciones en los senderos de La Paz,
Por el noble destino de la Libertad,
Hoy secuestrada a tus Hijos,
Por la incomprensión, intolerancia y ininteligibilidad.

Oh, Virgen reina, ilumina con tus luces de
Sabiduría Divina,
Las aguas de nuestros mares y ríos,
Las nubes de nuestros cielos, riscos de montañas
Y valles de nuestro suelo venezolano,
En el seguro camino de
Democracia, Fraternidad e Igualdad,
Para el bien de tus hijos en esta tierra de Gracia y
Libertad!

Oh, Virgen del Valle, me inclino ante ti
E imploro que nos protejas con tu sagrado Amor
En reconquistar la Libertad,
Por el renacer y reconstrucción de la
Patria con educación y trabajo,
Sin egoísmo, sin envidia y sin maldad!

*En Santuario de la Virgen,
El Valle, Isla de Margarita.

15. Inocencia y Sueños.

Oh hijo, decisiones son decisiones
y nada más.
Ser o No Ser.
No hay término medio.

Adelante, siempre adelante.
Si vuelves la vista atrás
Es solo para mirar la senda
Que nunca se ha de volver a pisar.

No dejes nunca de soñar despierto,
Ni dormir sin sueños,
Pues la vida es una realidad de tus sueños,
Porqué sin ellos no es vida.

16. Muerte del bolívar.

En la vida nacional se ha venido
Destruyendo paso a paso,
Como un huracán y tempestad todas las instituciones
Políticas, sociales y económicas.
Ahora de manera más que imprudente e ignorante,
Se decreta la muerte del bolívar,
Súper acelerándose la macro devaluación
De su poco valor monetario,
Si acaso le quedaba algo,
Exponiéndolo al trueque y convertibilidad doméstica,
En flotación sin salvavidas ni tasa referencial,
A una supuesta cesta de monedas.

El yuang chino, la rupia india y el rublo ruso,
Conforman esa cesta de signos monetarios,
Cuyos países emisores respaldantes

No los utilizan en su intercambio comercial con el
Mundo Libre, sino que prefieren, para proteger sus
monedas y economías, transar sus operaciones
comerciales y financieras en Dólar o Euro, pues las de
ellos no son bienvenidas en el mercado de dinero
internacional.

Los costos de las necesarias triangulaciones,
Encarecen cualquier negociación pura y simple
La verdad verdadera que se esconde en esta medida
Antipatriótica por parte del Estado es que no hay
reservas monetarias líquidas y suficientes que respalden
el exiguo comercio exterior y las transacciones
internacionales, que puedan realizar los agentes
económicos y la República, con el mundo libre
desarrollado o no, obligándose a realizarlos en esas
monedas.

No se visualiza criterio político y económico racional,
Que avizore sacarnos del estancamiento y hundimiento
Económico en donde nos encontramos actualmente,
So pena mantener a sus pobladores en las sombras de la
Miseria y penumbras humanitarias.

Soluciones hay muchas, pero la primera que tenemos
que seguir es la revolución de la inteligencia
de los mejores hijos de esta tierra,
Que conlleve una racionalización de un gobierno
nacional por otro con talento patriótico venezolano,
Y dentro del amparo de un ambiente de Libertad y
Justicia, incorpore al país en la senda del desarrollo y
bienestar de su Pueblo en el siglo XXI,
Con un programa de renacimiento de la
Patria basado en principios
y valores éticos de paz y justicia social.
Venezuela despierta!.

17. Saber o No Saber.

Ay! Quien dice saber y conocer su Yo interior,
Al no saber sobre la Nada, está perdido!

Ay! Quien hable de placer o de dolor,
Pierde amor por ignorancia u olvido.

Lo que la Mar me dijo, se perdió en los vientos!

Dios conociendo mis instintos,
Me dio palabras y pensamientos.

Sin miedo a soñar la vida en Cielos distintos,
Tierras agrestes y Mares tormentosos.

18. Recordando a Hamlet.*

- Ser o no ser, he aquí el problema!

- Antes de sucumbir el poderosísimo Julio, las tumbas quedaron vacías y los difuntos, envueltos en sus mortajas, vagaron por las calles......

- Con un ojo risueño y el otro vertiendo llanto.

- Tuyo es el tiempo, olvida esa nube de tristeza.....

- Todo cuanto vive debe morir,
Cruzando por la vida hacia la eternidad.......

- Una ofensa a los muertos,
un delito contra la naturaleza,
son los mayores absurdos ante la razón.....

- La virtud misma no escapa
a los golpes de la calumnia.......

- Sé sencillo, pero en modo alguno vulgar......

- Presta a todos tus oídos, pero a pocos tu voz; oye las censuras de los demás, pero reserva tu juicio.

- No pidas ni des prestado a nadie, pues el prestar hace perder a un tiempo el dinero y el amigo.

- Un átomo de impureza corrompe la más noble sustancia, rebajándola al nivel de su propia degradación.

- La virtud será siempre incorruptible aunque la tiente la lujuria bajo una forma celestial.

- Duda que haya fuego en los astros;
Duda que se muera el sol;
Duda que lo falso sea cierto;
Más no dudes de mi amor......

- Que obra maestra es el hombre,
Cuan noble por su razón,
Cuan infinito en sus facultades!

- Despeñad por la montaña del cielo el redondo cubo, para que vaya a hundirse en los abismos del demonio!

- Más valdría un mal epitafio para después de muerto, que sus maliciosos epítetos durante vuestra vida.

- Morir..., dormir!
Dormir!.....Tal vez soñar!

- Cuando uno ve, el otro está dormido,
Y de este modo el mundo va marchando.

- Alguien no puede lograr perdón reteniendo los frutos del delito.

*Tomado de Hamlet
William Shakespeare 1597.

19. Venezuela y sus Héroes.

Un país nuevo está naciendo.
Los gritos de parto por la Libertad
De la nueva Patria en este S. XXI están
Siendo muy dolorosos.

Esta madre está siendo protegida y venerada
Por sus hijos jóvenes, muchachas y muchachos,
Estudiantes, trabajadores, madres y padres,
Abuelos y abuelas,
Campesinos y obreros humildes.

En fin, por gente de la calle, del barrio,
Aldea, pueblo o ciudad.
Héroes anónimos y desconocidos,
Que con Fe y Esperanza,
Llenos de valor, dignidad, integridad, honor,
Ética ciudadana y Amor luchan por su querida madre,
Venezuela.

Están manifestando día tras día
Y noche tras noche,
El descontento con un liderazgo político,
Sordo al respeto de sus derechos civiles y humanos,
Que con actos desalmados y represión
Tratan de ahogar y callar sus gritos de
Vida, Libertad y Democracia.

Son héroes anónimos desconocidos,
Que con acciones de Resistencia Civil Activa,
No violenta, con coraje,
Están librando, la gran batalla
Por la liberación de la Patria.

Nada ni nadie los detendrá! Sus gritos de Libertad
Se escuchan más allá de los confines del Universo,
Solo porque este país les pertenece a ellos,
Que son gente justas y de honor!

20. Mujer y Poesía.

La Diosa le pregunto al Hombre qué es la poesía?

El respondió: la poesía eres tú, Mujer.
Y cómo así?

Eres Tú, mujer,
Tal cual como lo es un refugio
A los pensamientos de mi alma,
Cuando sueño contigo y me alucino de remembranzas
por los néctares de tus flores,
Aquellas que se esfuman entre la brisa y bruma marina,
O niebla cordillerana a la orilla del arroyo,
En una tarde primaveral,...... invernal,
Cayendo del firmamento una
Aureola crepuscular multicolor.

Eres Tú, fortuna maravillosa,
Discurriendo más allá de los confines del Universo,
A destinos años luz de su velocidad,
En la oscuridad de esa fría y bella eterna noche
interestelar,
Alumbrada sólo por las remotas
Luces luciérnagas estrelladas,
En ese Sacro espacio vacío,
Para descubrir, después de traspasar el éter galáctico,
Llegando a su infinito límite, sin más materia ni energía
Y comprender que la verdad única existente
En el paraíso de la Nada, es la presencia de
Dios,.... solo Dios!
Y El, haber hecho de ti, Diosa encantada, su apoderada
Madre, Hija, Esposa, Amiga y Mujer,
Que morando en esta pequeña aldea de
Agua nominada Tierra,
Seas la dueña y ama en la procreación de la Vida
Y centinela del Amor y la Libertad.

21. Ocaso Marino.

Agotándose un día de ensueños
Los rayos del sol son lágrimas
Cual lluvia misma iluminan espinas,
Y olas de alta Mar sin dueños.

Las flores cierran sus pétalos,
Por cuántos néctares perdidos
Y hundidos en el vacío,
Mientras las aves regresan a sus nidos.

Que perfección de la Naturaleza,
Amalgamar tanta belleza,
Sin algo más que se parezca
Soñando amor, y más amor
Sin ninguna tristeza!

22. Lirios, Aves y Libertad.

El largo camino de la libertad de Venezuela
Pasa por la valerosa lucha de su bravo pueblo
Y los ideales de Nación soberana.

Así como los lirios y las aves fénix
Surgen de la tierra y cenizas de sus padres,
La juventud de sus hombres y mujeres paridos en este
suelo,
Sacarán a los violadores del templo de la Patria.

Frente a los gritos de Libertad y Justicia!
Uníos todos, sin miedo, y con ahínco,
Expulsaremos a los tiranos
Y secuestradores de la soberanía popular.

23. Cristal Marino.

Sol brillante, bañad los sueños!
Aunque nubes grises sombreen

El cielo, tu cielo de ensueños.
Dale calor al nido sin que por amor te nombren.

Patria heroica,.... Por Dios, no llores!
Con Tu sabiduría y alientos,
Luchamos por tí
En un mundo sin sentimientos.

Tristeza aflora en el alma.
No hay cantares, por ahora,
Mientras a la vida entre calma y más calma,
Llegará el crepúsculo a su hora.

Sigamos adelante, como navío
En la mar, que sabiendo navegar,
Sin ningún desvarío,
Sabrá donde atracar!

24. Oh, Madre!

Virgen María, Virgen Del Valle,
Reinas del amor y la sabiduría,
Hoy como ayer, mañana y siempre cúbrenos
Con tu sagrado manto y bendiciones,
En la gesta heroica del pueblo de Venezuela,
En la reconquista de su Paz y Libertad.
Venezuela Libre!

25. Cielo Azul.

Oh, Jesús, Dios del Amor, Libertad e Igualdad.
Cierto es, nunca tus feligreses andarán solos.
Tu ánima los acompaña siempre en variados polos.
Porque a decir verdad,
Tu Luz, les quita oscuridad y plena de seguridad.

La generación de la Venezuela
Nueva y heroica está naciendo.

Sus hijos jóvenes, muchachas y muchachos,
Trabajadores y campesinos están emergiendo,
Por sus entrañas pariendo,
Añorando sueños de Justicia e Igualdad.

No podrá fuerza poderosa que parezca,
Arrinconar al Tsunami pueblo contra su naturaleza.
Bello cielo azul, eres unidad
De luz Universal, lumbre de estrellas y más estrellas,
En gritos de Libertad!

26. Recordando a Shakespeare y su Revolución*.

Oh, Genio creativo! Formador de la humanidad.
El sublime legado de tus obras nos sigue educando:
Hamlet, Falstaff, Otelo, Macbeth, Enrique VIII,
Poemas y sonetos.
Y más de miles de palabras en el idioma Ingles.

Los eruditos dicen que no fuiste
Un intelectual en sentido estricto,
Sino alguien que creyó en algo mucho más grande:
"las personas son más importantes que las ideas".

Hoy te rindo culto y permiso para recordar a mi mundo
Ciertas prosas y versos de tus pensamientos
imperecederos en la historia y la humanidad,
expresados en Romeus and Juliet*.

- Enemigos de la Paz, derramadores de sangre humana, por qué no queréis oír?

- El amor, que nace de tan débiles principios, impera en fuego con tanta tiranía.

- Nunca olvida el don de la vista, quien una vez la perdió.

- No fue verdadero ni antiguo amor, el que nunca belleza cómo esta vieron mis ojos!

- *Si con mi mano he profanado tan divino altar, perdóname. Mi boca borrara la mancha, cual peregrino ruboroso, con un beso!*

- *Amor nacido del odio, harto pronto te he visto, sin conocerte!*

- *El amor es ciego, busca las tinieblas.*

- *Que bien se burla del dolor ajeno, quien nunca sintió dolores?*

- *Sal, hermoso Sol, y mata de envidia con tus rayos a la Luna, que esta pálida y ojeriza.*

- *Si de tu palabra me apodero, llámame tu amante....y creeré que he perdido mi nombre!*

- *No seré ni una cosa ni la otra, ángel mía, si cualquiera de los dos se enfada.*

- *Oír tales promesas...., son como el rayo que se extingue apenas aparece.*

- *Tan sin límite, como los abismos del mar. Cuanto más te doy, más quisiera darte!*

- *Que el sueño descanse en tus dulces ojos y la paz en tu alma!*

- *No hay ser inútil sobre la tierra, por vil y despreciable que perezca!*

- *Y ahora tanto amor y tanto enojo se han disipado como el eco.*

- *Aún no ha disipado el Sol los vapores de tu llanto.......!*

- *El verdadero amor es más pródigo de obras que de palabras: más rico en esencia que en la forma.....*

- *Cierra, oh Sol! tus penetrantes ojos, y deja que en el silencio venga a mí, su amor.*

- *El amor es ciego y ama la noche.*

- *Adiós, nodriza! Me espera el tálamo de la muerte.*

- *Oh, que negro pecado es la ingratitud!*

- *Ay, hijo mío! Los locos no oyen.*

- *Nunca Dios favorece a los ingratos!*

- *No es esa la luz de la aurora. Es solo un meteoro que desprende el sol para guiarte en el camino......*

- *A la puesta del sol cae el rocío, pero cuando muere un hijo, cae la lluvia tormentosa.......*

- *Siempre se agradece la buena voluntad, hasta cuando nos ofrecen lo que odiamos.*

- *Infame vieja! Aborto de los infiernos! Cállate ya!*

- *Sí, a morir viene.....no tientes a quien viene ciego y desalentado.*

- *Este será mi eterno reposo. Aquí descansará mi cuerpo, libre de la fatídica ley de los astros.*

- *Brindemos por mi dama...Así, con este beso.....muero!*

- *Dulce hierro, descansa en mi corazón, mientras yo muero!*

*Nacido en abril 26, 1564 (+1616)
Tomado de Romeus and Juliet,
Wlilliam Shaskespeare.

27. Venezuela, Libertad ya!

Sigamos luchando con Amor, Dignidad y Valor
Por una madre patria que nos ha dado todo.
No le pidamos más!

Solo hagamos por ella lo que sepamos hacer desde
nuestras Trincheras, sacrificar nuestra propia vida,
Por su Libertad, Seguridad
Y el Porvenir de sus futuros hijos.

Adelante, siempre adelante!
Con coraje y el ideal libertario de
Nuestros padres precursores!
Venezuela, Libertad ya!

28. Democracia ya!

Nacimos para vivir nuestros sueños de
Vida, Amor y Libertad,
Como únicos dones que Dios nos dió
Para ser felices, compartir y evangelizar.

Otro 19 Abril, vamos a la calle y más calle,
Para luchar por esos dones sagrados
Que un desgobierno sordo y tiránico,
Los ha arrebatado y secuestrado.

En acciones de Resistencia Activa, No Violenta,
Exijamos con valor, sin miedo:
Democracia ya! Venezuela Libre!

29. Sueños de Libertad.

Sobre las olas de la Mar cabalgan
Hermosos corceles, llenos de bríos.
Peces en orilla de playa agitados,
Cantan himnos guerreros.

Corren hombres, mujeres y jóvenes,
Por mares, desiertos y montañas
Gritando voces libertarias
De pueblos y ciudades.

Sudores, lágrimas y sangres
Iluminan las alegrías de sus
Cabellos, pieles y rostros.

Uníos, vociferan en universal voz
Que la libertad pertenece a su
Patria, Venezuela, tierra de
Gracia, Paz y Trabajo.

Izan con pundonor la bandera tricolor:
Amarillo por la riqueza de su pueblo,
Azul por la benevolencia de sus almas,
Y rojo por la sangre de sus héroes anónimos,
Proclamando a viva voz
Libertad a la Patria en el siglo XXI.

30. Contaminación Marina.

Tristeza inunda mi alma
Al ver la luz en el agua de tu piel.
Eso no es néctar ni es hiel.
Es violencia ambiental, sin calma.

¡Mar bonito que enamoras!
¡Mar maravilloso!
Tesoro que la gente suele adorar,
Dando vida y aliento donde moras,

Sin importar a quién deleitar.

Nadie te cuida ni vigila.
Solo esperan tu humilde bendición.
No hay sentido ni razón
Que tus amantes no sueñen vida,
Ni tu urgente curación.

Durante noches y días sufres
Una gran contaminación.
Todos vemos, oímos y olemos
El mar de fondo de tu agobiado corazón.

Nadie entiende que no seáis letrinas
Cuando negras cloacas invaden tus bahías,
Inundando inmundicias a tus aguas cristalinas,
Ocurriendo ante Sol y Luna cada día.

Oh, hijos y pobladores de esta tierra, despierten!
Tu Mar.....mi Mar, lentamente está siendo asesinado.
Su Salvación está en vuestras manos con trabajo,
Y amor desesperado.
Corramos a su socorro y rescate.

31. Alcohólicos Conocidos*.

No sé cuál es la receta
De la felicidad, pero de que lleva
Whisky, lleva whisky!

Ahora, algo si sé: a unos, el Whisky,
Les baja la tensión,
A otros se la sube,
Y a mí me llama la atención!

Recordando al amigo J. M. Trejo.

32. Añoranzas Matutinas.

Rayos de luces encantadas.
Aguas azules turquesitas brillando,
A las olas de mi Mar enamoradas.
Suaves espumas destellando
Caminos de vidas añoradas.

Frente al altar de mi morada
Llegan miles de aves sagradas
En primeras horas matutinas.

Mientras cantan las flores,
Susurros de arenas roncan sin cesar.
Gaviotas y Tijeretas, aves del Paraiso, lucen amores
En la bóveda celestial.

Es oír Beethoven, himno a la alegría,
Como oración de gratitud al alma de mi Madre,
Por regocijarme estar con vida otro día.

33. Dios, Amor y Araña.

Oh Jesús, Amigo inmaculado,
Omnipresente espíritu del Amor y el Perdón
Creador de vida y sueños de Bondad.

Qué podemos hacéis frente a un mundo
Cuyas cosas cambian sin cesar,
Como el vagabundo
Que anda, y anda sin saber dónde parar.

Hoy dialogué con una araña.
Quería saber su gran misterio,
Por cuanto a cualquier insecto y ser engaña,
Sin ofender su ministerio.

Ella, no huye a brisa ni vientos.
Teje tela bajo luz de sol y luna.

Goza la lluvia en sus alientos
Y ama la amistad como ninguna.

Su espíritu, laboriosidad y bondad
Enseñan a nuestro mundo,
La moral a imitad.

34. Luna Linda.

El Sol se fue, pero tú luz me alumbra.
Sueño por amor despierto, bajo los rayos de tu sombra.
No hay llanto en tu penumbra.
Quien no dice que tu alma asombra?

Nubes del cielo, porque lloran?
Que soberbia vais mostrando
Sin yo saber qué estáis pensando!

La noche se me hizo larga.
Sé que me estoy durmiendo,
Pero, ya entiendo!
La vida es un sueño.
Y solo Dios es tu dueño.

35. Santísima Trinidad.

Oh Dios. Qué maravilla verte otra vez!
Linda y florida en ramas gris soleado,
Hojas ribereñas aguamarinas,
Pétalos en regio morado.

Silvestre frente al mar de las Antillas,
Enamoras a hombres y mujeres,
A vivir ilusiones y dulces pesadillas,
Sin decir de quién tú eres........

Sueña el pescador,....... y el poeta...
... Cantan el músico y el juglar.........

Más allá,....   un bote en alta mar,
Imita sin querer aquella bella goleta.

Cabalga la brisa sin parar.........!
Así anda la historia de la vida,
Como mis delirios sin final.........

Ah, honor en realidad,
Sed mi adorada Santísima Trinidad,
A quien amo de verdad!.

36. Vida y Amor.

Nacimos desnudos,
Protegidos por el Amor de vuestra madre,
Singularidad universal irreemplazable.

Muchos crecimos con besos y lisonjas,
Otros con materias y riquezas.
En la meta final de la vida ante la muerte,
Lo perdurable es el Amor.

Dios nos dio la Vida con el corazón pleno de Amor,
Para con vuestros sueños e ilusiones,
Vivamos la riqueza de un mundo espiritual,
Sin penar por lo material.

Nada existe como sustituto,
Tenga o no sentido la existencia,
Pues la verdad verdadera,
Es que sin Amor no podríamos decir que hemos vivido.

Oh, amigos! Humilde sigamos la enseñanza de Cristo
Jesús:
"Os Améis unos a otros, como yo he Amado".

37. Margarita en Luna Llena.

Llega mi dulce enamorada.
Se anuncia en azules mantos,
Con gaviotas y sus cantos,
Alumbrando la Mar con luz plata perlada.

Navegan perlas y olas sin penas.
Ríen los peces su alegría
Al creer que la noche es día
Por tu hermoso claro'e luna llena.

Mi amada luna de Margarita,
Plena de amor y esperanzas
A los amantes y mujeres adoradas,
Que gustan vivir y soñar despiertos bajo tu luz
encantada.

38. El Misterio de la Luz.

La vida es un misterio y la luz ciega,
En tanto, la verdad inaccesible asombra.
Cuando la muerte llegad,
El amor ideal se esfuma entre la sombra.

El Hombre lucha por fama y riqueza,
Sin comprender que Dios le dio
La vida, como única riqueza,
Para tenerlo Todo.

Como un solitario pescador en su barco
Y único dueño de su destino,
Los sueños se logran
Cuando tu Amor y Perdón se juntan.

39. Luna de Algodón.

4 am. Lindo despertar.
Luna llena te hiciste alta,
Como mi amor frente al Altar,
Único algodón rebosante de espuma marina.

Inverosímil ensueño realidad!
Siempre preciosa
Y amorosa,
Como única verdad.

Vete! Ya tu enamorado Sol te reclama.
Aunque te alejes cariñosa,
No apagues tu llama.
Dame el beso 'e tu bondad!.

40. Estrellas de Ensueños.

Enamoradas del amor nocturno,
Avancen lentamente para que mis ensueños
Nunca abandonen mi alma,
La noche se hace larga por la dulzura de la calma.

Abandonando mis ilusiones, exhalo
Un aliento de ambrosia,
Y en sol mediodía
Haré realidad esa anhelada fantasía.

Siento que mis instintos son verdad
Si los preña la bondad.
Solo esos rayos de luces dicen que
Me muero por amor de estrellas, con la vida eterna,
Para alcanzar su Felicidad.

41. Perla Fósil.

Nacida en la profundidad de marinas entrañas.
Suerte de mujer única concebida,
Flor de la Mar que extrañas,
Inexorable ante el tiempo y la vida.

Mientras el coral te da paraguas,
Sin actitud sospechosa
Tu espíritu se esfuma en la eternidad de las aguas.
Así pienso en ti, fósil Perla preciosa,
Dulce lagrima de Isla Margarita, tierra maravillosa.

42. Amor.....y Más Amor.

Oh. Que virgen y su niño!
La madre y su hijo.
Ella mi hija, el mi nieto.

Disfrutan sus amores y cariños,
Con el Amor que Dios bendijo.
En su Mundo nunca quieto.

Alegría, llanto,..... y felicidad.
Eso que me enseñó mamá,
Lo apasionan ellos en verdad,
Siendo amor y amor del más allá.

43. Cántico a la Virgen de la Divina Pastora.

Oh, madre Virgen inmaculada del cielo crepuscular
occidental de la tierra venezolana.

Oh, Virgen Divina, ante ti me rezo y suplico tus
bendiciones para mi pueblo soberano y tus fieles
Peregrinos.

Hoy, como ayer ante tu Altar, siendo tu día de
veneración, movilización eclesial y procesión en los
senderos de tu Honor, te imploro guíes a mi pueblo a
reconquistar su Alegría, Paz y Libertad, secuestradas a
sus hijos, por la incomprensión y la maldad.

Oh, Virgen Pastora, ilumina con tu fulgor de sabiduría
Divina, las aguas las nubes de nuestros cielos,
montañas y valles, desiertos y llanos, mares, lagos y ríos
del suelo de patrio en el pacífico camino de la
Democracia, Fraternidad e Igualdad de sus hijos en esta
tierra de Gracia y Libertad.

Oh, Virgen de la Divina Pastora
Ruego la protección con tu manto sagrado
La reconquista de la Libertad en el renacer,
reconstrucción y progreso de la Patria venezolana,
con educación y trabajo, en realidades de Amor y Paz.

44. Playas y Caminos.

Caminante, bendecido sea tu Ser al andar
Pisando esas mojadas arenas,
Bañadas por blancas espumas de aguas en penas,
En las playas rocosas de tu Mar.

Camina sin miedo al tiempo ni al destino,
Porque por muchos días y noches
No tendréis perdones ni reproches
Mientras en esos senderos caminéis con honor y bríos.

Dice el duende al cielo que la vida es mágica
Y misteriosa cuando entiendas,
Que al tiempo no lo tientes,
Si la distancia es infinita.

Paso a paso, andarás por inverosímiles veredas,
Hurgando las huellas de las olas,
Borradas en playas y rompeolas,
Explorando aquellas verdades donde halles y puedas.

¡Así nacen las ideas del hombre en Libertad!

45. **Claro de Luna.**

Fuegos de luz sagrada
Brotan de la bóveda celestial
Para dar vida Inmaculada
A las azules marinas aguas de mi Mar.

Mar de ensueños y esperanzas,
Que solo Jesús o sus discípulos,
Andrés y Pedro saben a dónde van.
Navegando entre aguas, arenas y olas,
Pensado y pescando hombres sin parar.

Sabiendo que la vida nunca muere
Mientras las ideas fluyan sin cesar,
Más allá del pensamiento,
Al servicio de la Humanidad.

46. **Año Nuevo en Villa Nueva.**

Golondrinas negras azulejos,
Criaturas de mi Sierra Andina,
Desde lejos vinieron a anidar
Las blancas nieves de mi cafetal.

Cafeto, árbol bello e' la montaña,
Desde lejos me hiciste recordar,
El Amor y la Amistad
Que la familia Maionica Santeliz
Me supo dar.

Gracias Jesús, por alumbrar ilusiones
Y sueños, a mis amigos
Y compadres, en sus vidas y pasiones.

47. Gracias al Señor.

Qué hermoso ver tu luz tan celestial.
Oh mi Lord, gracias por iluminar mis caminos,
y los bellos destinos donde he ido.
Gracias por permitirme vivir lo que he vivido.
Gracias por tu paz y amor unidos.
¡Feliz vida a todos los amigos y seres de buena voluntad!

48. Catedral de la Humildad.

Oh, Santa Nuestra Señora de la Asunción!
Sobrios y sencillos muros erigidos,
Veneran a tu imagen,
Igual que los fieles amigos quaiqueríes.
Joya arquitectónica estilo colonial con líneas
Sencillas, ornamentos renacentistas y estructura
Espiritual sólida, guarda Tu tesoro cultural.

Eres un Sacro rincón de Gracias a la Creación,
En mi hermosa Margarita, isla perla del Mar de las
Antillas.
Orando en tu claustro al
Dios del Amor y la Paz de la humanidad,
Mi Señor Jesucristo,
Se alcanza el Cielo y la Gloria de
La Sabiduría Universal.

49. Círculo Perverso de la Inflación.

Mientras la brecha del Déficit Público se incremente día
tras día, y el Gobierno emita más y más dinero
inorgánico y lo ponga en circulación, los precios alcistas
se acelerarán en días y horas. Resultados, más y más
inflación lo que implicaría más y más devaluación,

Riesgos en puertas: hiperinflación, crisis de liquidez y solvencia financiera por descapitalización patrimonial de los agentes económicos, personas y empresas, lo que implicaría más y más Déficit.

Si no hay reformas o cambios de las políticas fiscales y monetarias, el Círculo Inflacionario se acelerará sin control......y en consecuencia colapsará el sistema económico, y los consiguientes daños socioeconómicos y políticos sobre la Nación, sus ciudadanos y población en general buscando vida más allá de nuestras fronteras. Venezuela Despierta!

50. Porqués de la Inflación.

Si Causa Principal de la inflación en Venezuela es el Déficit Público.

Las razones o porqués concomitantes de este fenómeno económico son inducidos por el Gobierno Nacional.

Los Gastos han excedido a los Ingresos en una cifra descomunal en los últimos años fiscales,

Los Ingresos han disminuidos sustancialmente por la caída del precio del barril de petróleo, caída de la producción petrolera, caída de exportaciones de otros rubros no petroleros y caídas de las recaudaciones fiscales,

Déficits de las empresas públicas y nacionalizadas.

Endeudamiento externo e interno irracional y exagerado, para cubrir gastos ordinarios,

Fuga de capitales y ausencia de la inversión extranjera.

Burocracia oficial por clientelismo y proselitismo político,

Rompimiento del equilibrio e independencia del Poder Público,

Falta de autonomía del BCV como ente regulador de las políticas fiscales y monetarias, y velador del valor de la moneda nacional,

Préstamos, financiamientos y donaciones a otros países, en términos graciosos y a largo plazo,

Corrupción pública y privada, externa e interna, en todo el estamento del tejido político, económico y social de Nación, principalmente en las élites emergentes dominantes y factores colaboracionistas,
Falta absoluta de una Gerencia Estadista para manejar profesional y políticamente los riesgos, y en asumir a tiempo las reformas y correcciones necesarias.
El modelo más elemental escogido para financiar este Déficit ha sido la devaluación subrepticia y emisión de dinero inorgánico, provocando más y más inflación.
De no corregirse estos desequilibrios económicos e institucionales en el futuro inmediato, la Nación va a la deriva y lista caer en una debacle económica, un estado de conflictividad social e ingobernabilidad aterradora, no deseada, pero ya con signos de una infeliz realidad de crisis humanitaria.
Venezuela Despierta!

51. Salmo 10.

"El Señor es mi pastor nada me faltara,
Nada me ha de pasar".
Amigos, familia y gente de buena voluntad.
Feliz Navidad y Próspero Año Nuevo.

52. Destrucción de la Economía.

La acelerada hiperinflación en la economía venezolana,
Con la estructurada devaluación del bolívar durante la Última década, no es otra cosa, sino la aplicación del principio marxista comunista:
Destruir el valor de la moneda como bien de salvaguarda de Riqueza, trabajo e intercambio,
y con ella, los nervios del sistema financiero a objeto de provocar el caos socioeconómico y político presente.

Habrá una aceleración acentuada de la pobreza
Con miseria y más miseria.

Quien lleva la batuta?
Saquen Uds. sus propias conclusiones.

Unamos esfuerzos por
Rescatar a la Patria de este
Desastre y devastación planificados.

53. Camino a Emaus.

Oh hijos, que hermoso!
Me encanta saber que hayan tomado un retiro,
Pausa de reflexión cristiana, con Dios y egos interiores.

Me llena de mucha felicidad y alegría haberles
Escuchado ayer y sentidos como son.
Seres con seguridad, entusiasmo y pleno de amor para
enfrentar los avatares de la vida.

Vale la pena que recordemos algunas ideas
Conversadas ciertos días.

En los senderos y caminos de la vida
Hay logros y desaciertos.
Los primeros nos llenan de orgullo y gloria,
Y los segundos de penas y sufrimientos.

Empero, con el orgullo y la gloria no se sientan
Prepotentes e infalibles;
Y con penas o sufrimientos no se sientan
Fracasados o incapaces.
Ambas situaciones nunca nos dejan de
Suceder y acompañar.

Siempre, han de enfrentarse con humildad y paciencia,
Sabiendo que todo llega y todo pasa,
Nada es eterno, salvo las olas de la mar,
El Amor de su Madre y de Cristo Jesús.

La humildad es energía y sabiduría
Para comprender nuestras fortalezas y debilidades,

Y respetar al Prójimo como a sí mismo;
La paciencia es fuente de comprensión y tolerancia
Frente a los actos o cosas de la vida
Contrarios a nuestras ideas o valores.
Muchas cosas son efímeras y pasajeras,
Y al final todas tienen resoluciones santas en el tiempo.

Saben! siempre he pensado que en la vida,
Los pasos se dan hacia adelante.
Cuando caigan o tropiecen,
No busquen excusas o culpables,
Simplemente levántense, sacúdanse, rían, piensen,
reconozcan los errores, rectifiquen, reasuman
responsabilidades
Y sigan adelante por otros senderos o caminos con
vuestros sueños, ilusiones y fantasías.

Ciertos actos hay que repetirlos una y otra vez,
Con mejor sentido común, inteligencia y amor,
De tal manera que el siguiente sea mejor que el
anterior,
Hasta que se alcance la excelencia.

Cultiven y conserven la fuerza y pasión del carácter,
Lo cual no significa actuar
Con violencia o arrebatos impulsivos,
Sino todo lo contrario, juzgar con objetividad,
ecuanimidad y profunda reflexión,
Aceptando sin miedo los retos del destino.

Desde nuestra querida patria Venezuela, en Pampatar
de mis amores, anhelo que en el Camino a Emaus,
Los acompañe siempre la Fe y la Esperanza,
Y que con la Gracia de Dios, siendo su hijo Jesucristo.
Quien ilumine sus Vidas y decisiones para el Amor,
Protección y amparo de sus hijos e hijas.
Los Amo!

54. Las Nietas.

Dos bellas princesas
Despertaron un feliz día
Recibiendo en Disney World
El Amor de mi Señor
Y del padre que tenían.
Dios las bendiga y cuide, nietas mías

55. Sol, Mar y Gaviotas.

Qué hermoso ver
La aurora renacer!
Y al beso del Sol en su luz brillar,
Mirando a las Gaviotas
Y olas, la Mar encender
La vida, querer y poder!

56. Luna Llena.

Ante la dimensión de tu sabiduría.
Con amplio cielo de nobleza,
Por darme el amor que tu querías,
Volando voy a la flor de tu grandeza.

Con la iluminación de muchos luceros,
Atento estoy en estas humildes playas,
Y al caminar entre bosque de sobrios cocoteros
Deseo ser uno de tus navieros.

57. Un Retrato.

Quise ser pintor o poeta,
Pero no soy ni uno ni el otro.
Solo sé que la letra es pintura,
Y la pintura es letra.

La tinta como óleo colorará las palabras
Sobre los lienzos de mi papel
Plasmando en humildes prosas y versos,
Aquellos sentimientos, sueños o delirios del alma
En la pintura de la vida.

58. Lirios y Soles.

Soles blancos lirios de mi jardín,
Bajo cielo de nubes grises,
Suerte de novias de paz,
Con aromas marinas,
Adornan la bahía de Pampatar.

Acuarela de vida natural,
De mil colores bien formada
Por Mar, Cielo, Arena y Flores,
Embriaga con sus fragancias
La atmosfera de mis amores.

Si bien miráis,
Las transparentes gotas de lluvia escucharais,
Que resbalan por sus blancos pétalos,
Para como bellas perlas a las olas ir adornáis.

59. Iguana Amorosa.

Dócil dragón de los jardines.
Que mentes inmaduras
Pueden culparte de crisis
Eléctrica y daños maliciosos?

Solo almas perversas,
Ineptas e incompetentes
Te levantan semejantes valores calumniosos.

60. Saludos al Amigo.

La vida se llena de años
Y los años de achaques y bendiciones.
Así es el reino del
Amor y la Amistad.

El cariño de un amigo
No tiene parangones en el tiempo
Ni términos distantes.
Siempre es bienvenido y reconocido.

61. Amanecer Marino.

En armonía de vuelos y nados,
Entre aromas del Mar,
Suelen pelícanos, gaviotas y peces,
A las olas y arenas arrullar!

62. Gritos de Libertad.

Hermanos venezolanos, comparto con vosotros lo que
me escriben amigos y hermanos de la Libertad desde
otras naciones libres.
"Olé, Venezuela libre!
Adelante pueblo Che' valiente!
Gran Oración por tu Libertad.!
No arrugues valeroso pueblo!
Siempre libre!
Fuera el castro comunismo!
Democracia y libertad!
Cuban, go home!
Democracy & Peace Venezuelan!.
Forza Venezuela!.

63. Auge y Caída de una Robolución.

Amargo y triste Teatro del Absurdo en quince actos:

- Golpe militar - 1992 -
- Encantamiento - 1999 -
- Sueños narcisistas - 2000/2002 -
- Pesadillas embrujadas - 2003/2006 -
- Dramas burlescos – 2007 -
- Cuentos iraníes -2008/2009 -
- Cuentos chinos -2010/2013 -
- Tragedia siria -2014/2017-
- Comedia bufa rusa -2017/2019 –
- Pandemia coronavirus -2020 -
- Agotamiento de gasolina -2020 -
- Crisis humanitaria.
- Manifestaciones populares.
- Salida borrascosa.
- Renacimiento de la Patria.

64. Museo Jumex.

No sé qué significa tu nombre,
Pero seguro atesoras tecnología, arte y belleza,
Obras creación del hombre,
Con la magnitud de su grandeza.

Entre salas, cuadros y recuadros,
Deleitas las vistas de curiosos visitantes,
En armonía multicolores,
Dando brillo a cada alma en destellos de luces
inconstantes.

Ojalá no sea mi propia imaginación,
O vapores de mis fantasías,
Cuando pienso sin razón,
Solo espero disfrutar mi breve pasantía,
Ampliando el arte percepción,
Ante la mirada de tu Dios Tenochtitlán.

65. Cántico a la Virgen de Guadalupe*.

Venerada reina Santa María de Guadalupe,
A los pies de tu Altar,
Elevo mis plegarias y oraciones,
A Dios, rogando tus bendiciones!

Oh, Virgen celestial madre de Jesús,
A la esencia milagrosa de tu manto protector,
Encomiendo mi alma y cuerpo,
Con la salvación de mi Señor.

Oh, te ruego no desampares mis delirios y ensueños,
Porque solo ellos me permiten
Vivir en Libertad sin dueños.

Cuando muera, pido a mis amigos
Y familias no enviar flores!
Dejad que ellas queden en plantas y árboles,
Para que sus pétalos y fragancias
Sigan cobijando, con tus bendiciones a los siglo,
La vida plena de amor y esperanzas.

*En Basílica de S.V. Guadalupe.

66. Reflexiones Aztecas*.

Solo aceptad ideas con valores,
Jamás valores sin razones,
Nunca valores sin Amor.

Existen corazones en laberintos,
Tales hojas secas arrastradas por los vientos,
Sin saber a qué destinos llegarán.

Abrid tu razón a la tolerancia,
Dejad que tu corazón abrace el perdón.
Mientras, fluirá la energía del Amor.

Los tropiezos no son eternos, siempre tened solución,
Incluida la muerte,
Con el amor de Dios, en Resurrección.

Hay que tener fortaleza y voluntad,
Para levantarse de caídas y fracasos,
Pues, después de un túnel de oscuridad,
Vienen días de luz y claridad.

La vida es una paradoja,
Cuando se puede no se quiere,
Y cuando se quiere no se puede.
Paciencia, sed feliz sin esperar nada a cambio o algo de
alguien.

Quien espera, desespera
Como rocío ido en noche sin lunas,
Aunque el tiempo lo detuviera
En desiertos y dunas.

Dejad que aguas de lagos y ríos
Lleguen a sus mares,
Sus grandes señoríos.
Mañana, lloverá el cielo sacros malabares.

Santísima Virgen de Guadalupe, protégenos con tu
sagrado manto, y danos tu solemne bendición,
Iluminando de paz y esperanzas,
Nuestros senderos de Vida y Amor.

*En Basílica S.V. Guadalupe.

67. Delirio en Manzanillo.

Aguas azules verdes turquesinas,
Arrullan tus arenas y rocas encendidas,
Adornadas por espumosas olas marinas,
Con amor y colores sobrios de almas decididas.

Que rápido cayó cuán cielo azul de la tarde!
Y junta a ella ya regresan de la Mar,
Navegantes árboles de maderas,
Sin alardes, silenciosos y humildes!
Dejando a sus valientes pescadores, en la arena
descansar.

La lucha por la vida,
Dulce y amarga pasajera,
Que encanta y duele,
A picaros y duendes,
En sus duras y veladas misas y batallas,
Es riesgosa alcanzar,
Orgullo enfrentar con honor y dignidad.

Suerte vapor del pensamiento,
Soñar el sentimiento de la Amistad,
Más supremo que el Amor,
Que se entrega en ciento,
Sin compensación y a eternidad.

Así abraza el Sol cada Amanecer,
Los pelícanos a peces suelen absorber,
Mientras mi Luna, Tu luna,
Cubrirá el Atardecer.

Gratitud siempre a ti, Dios de Manzanillo,
Soberbio guerrero del crepúsculo!

68. #coronavirus 2019: Breve Crónica de una Pesadilla no Anunciada.

Un agente microscópico, enemigo invisible, con forma
de corona mortal y letalmente patógeno ha invadido el
medio ambiente y se alojado en la especie humana sin
aviso ni protesto, convirtiéndose en una pesadilla no
anunciada sobre la Humanidad en pleno S.XXI,
causando muertes y destrucción con consecuencias
catastróficas.

La crónica de los eventos no planeados, acontecidos en fases, unos antes y otros después, muchos unidos con elementos concomitantes y casi sincronizados, importantes para nuestra memoria histórica y el futuro de las nuevas generaciones, hasta ahora han sido:

Primera fase: - Aparición e identificación -
- *Noticias sobre la aparición de un virus desconocido en ciudad Wuhan, China, noviembre de 2019.*
- *Identificación del virus como Coronavirus 19 (nombre) - Covid 19 (apellido).*
- *Silencio del gobierno chino y de la OMS.- Falta de transparencia.*
- *Propagación de la enfermedad en China y diseminación al resto de países de la Tierra – Nuestro mundo es una aldea global.*
- *Opiniones de expertos sanitaristas desestimadas o desoídas.- Insensatez de la política mundial.*

Segunda fase: - Alertas -
- *Declaración de pandemia mundial en marzo de 2020, después de más de tres meses de aparición.*
- *Resoluciones de jefes de gobiernos: unos serios, otros sarcásticos y algunos burlescos.*
- *Cuarentenas colectivas nacionales y mundial, voluntarias o compulsivas.*
- *Miedo colectivo generalizado local y mundial.*

Tercera fase: - Previsiones repetidas en letanías, convertidas en acciones y situaciones cotidianas:
- *¡Quédate en casa!*
- *¡No salgas a trabajar; hazlo desde casa!*
- *¡No vayas al colegio; estudia en casa!*
- *¡No visites amigos; llámalos por teléfono!*
- *¡No recibas visitas; hazlo por las redes sociales!*
- *¡Lavarse bien manos y vestimentas!*
- *¡Cúbranse con mascarilla la cara!*
- *¡Usen guantes en manos!*

Cuarta fase: - Consecuencias tristes y aciagas -
- *Aislamiento social; mantener distancia física.*
- *No asistir a lugares públicos, ni espacios concurridos, parques, playas, etc., con prohibiciones en ciertos casos.*
- *Encuentros sociales suspendidos.*
- *Paralización competencias deportivas.*
- *Oficios religiosos sin feligreses.*
- *Restaurantes cerrados.*
- *Cerramientos de fronteras entre países y provincias en un mismo país.*
- *Sufrimientos individuales, familiares y sociales.*
- *Depresiones nerviosas, ataques de ansiedad y aparición de enfermedades emocionales.*
- *Pánico en millones de personas.*

Quinta fase: - Disrupciones económicas -
- *Líneas aéreas y navieras de pasajeros sin servicios.*
- *Fábricas de producción de bienes y centros de servicios paralizados y cerrados.*
- *Industria del turismo paralizada – Ocupación hotelera reducida.*
- *Caída de demanda del consumo de petróleo.*
- *Bajas y volatilidad del precio petrolero.*

Sexta fase: - Recesión económica -
- *Caída de las bolsas y mercados de valores.*
- *Rebotes parciales en ciertos mercados.*
- *Caída de las actividades económicas y bancarrotas generalizadas de empresas.*
- *Desempleos al por mayor y detal.*

Séptima fase: - Propagación de la pandemia -
- *Pruebas médicas para detenciones de contagios.*
- *Atenciones a la población general y contagiada.*
- *Infecciones y enfermos a granel.*
- *Hospitales colapsados.*
- *Instalación de ambulatorios emergentes.*
- *Faltas de insumos médicos.*

- *Escasez de equipos y respiradores artificiales.*

Octava fase: - Tratamientos -
- *Carencias de medicamentos antivirales eficaces.*
- *Aplicación de medicinas alternas sin éxitos contundentes.*
- *Muertes y más muertes lamentables masivas.*
- *Vigilancia y esfuerzos para contención de la enfermedad.*
- *Cuarentenas extendidas con duraciones inciertas.*
- *Investigaciones de proyectos de vacunas.*
- *Protocolos de vacunas con visto bueno a +12 meses.*

Novena fase: - Riesgos potenciales -
- *Perjuicio generalizado en los sistemas de salud.*
- *Lenta recuperación de las actividades económicas.*
- *Rebrote de la pandemia o incremento de personas infectadas o segundas olas.*
- *Falta de liquidez e insolvencias de empresas en ciertos sectores económicos.*
- *Detención de los programas de aprendizaje y educación en todos los niveles.*
- *Caídas del PIB y déficit público de las naciones.*
- *Potenciales riesgos de caídas de los sistemas bancarios.*
- *Crisis financiera y bancaria local, regional o mundial.*

¿Qué pasará mañana?
- *Nadie lo sabe; viviremos en un estado de alerta sin saber cuándo terminará; vamos en un viaje lleno de tormentas y distintos barcos, con incertidumbres totales cómo resolver esta pandemia y siniestros similares futuros, cuya solución segura y efectiva sólo está en el descubrimiento y aplicación de la vacuna de inmunización contra la enfermedad en ciernes.*

55

- Cosas muy ciertas: el mundo cambio y no podemos seguir viéndolo con las mismas lentes del pasado. Entre el antes y el después, el individuo y la humanidad como un todo deben adaptarse a los muchos y acelerados cambios materiales, conductuales, interrelaciones personales, sanidad pública y privadas, organización y liderazgo que demandará la sociedad en el medio actual global y días futuros.

Se requieren, entre otras, acciones como:
- Mayor y mejor cooperación internacional.
- Coordinación y control de los sistemas de salud entre las naciones.
- Programas de educación y desarrollo humano igualitario y equitativo.
- Distribución equitativa de la renta y la riqueza entre los países y la población, de acuerdo con su participación en la generación de resultados que se traduzca en un mejoramiento de sus niveles de vida, educación, salud y trabajo.
- Financiamientos razonables a las pequeñas y medias empresas, así como su integración al crecimiento y desarrollo socio-económico.
- Mejoramiento de las infraestructuras sanitarias y de salud.
- Protección y fomento de la investigación científica en salud.
- Subsidios de salarios y apoyos a desempleados, jubilados y ciudadanos de bajos ingresos.
- Democracia y mayor participación ciudadana.
- Políticos más comprometidos con la sociedad y menos intereses en los negocios.

Algo seguro es muy cierto: esta tragedia como muchas otras será superada por la humanidad. Todos los individuos y entidades sociales públicas y privadas están obligados a despertar de esta pesadilla cumplida realidad y haber aprendido sus lecciones; sin embargo para seguir adelante como seres racionales con visión de *futuro, y a conciencia que apliquemos los correctivos y adaptaciones necesarias para sobrevivir como especie en un mundo de justicia y paz, debemos respetar los principios y valores del camino que habíamos olvidado en esta Era de Revolucionaria en Tecnología e Información en tiempo real, por el frenesí de la carrera por la vida:*

- *Humildad.*
- *Fraternidad.*
- *Solidaridad.*
- *Compartir.*
- *Responsabilidad social.*
- *Compasión.*
- *Perdonar.*
- *¡Amar a tu prójimo como a ti mismo!*

Pampatar, 10/04/2020.

69. La Virgen del Valle y sus Fieles.

Cuando llegaron a este mundo,
Ya era devoto de la Santísima Virgen del Valle.
No recuerdo, como llegue a Ella en mi vida;
Creo que tal vez cuando visite la Perla del Caribe,
Teniendo apenas años juveniles
y nada en casa ni en mis bolsillos,
Solo cantos, sueños e ilusiones.

Me enamore de Ella,
Como el niño pobre y soñador, que desea un iluso juguete caro,
Desde entonces me acompaña
En mis logros, momentos aciagos e inciertos,
Alegres o Tristes,
Siempre protegiéndome con su Sagrado Manto.

Un feliz día alumbraron mis hijos a mi vida,
Entre el calor y el amor de su madre y mío.

Llenos de vida, sonrientes, cariñosos, vivarachos y
únicos.
Por alergia al medio ambiente,
Migue padeció de afecciones de las vías respiratorias
Y Cristi cae de un bus en marcha,
Siendo días aciagos a punto de perderlo todo,
Valores sagrados en la singularidad de mi mundo.

A partir de esos momentos, y en cuerpos presentes,
Los encomendé en mis brazos
A la protección sagrada de la Virgen del Valle,
En este angosto, maravilloso y hermoso Valle del
Espíritu Santo, Isla de Margarita,
Morada de los nobles indios guaiqueries.

El tiempo ha transcurrido, y como verdad verdadera,
Mi Virgen Madre, siempre ha estado protegiéndonos
Y brindándonos sus bendiciones y sacramentos,
Como dicha de los siglos y siglos del Creador.

70. # Coronavida 2020.

Precaución, ansiedad, angustia, enfermedad,
sufrimiento, y ay.....estamos ante una crisis global de
salud y riesgos por la supervivencia.
No es primera vez!

La existencia humana está llena de tragedias, plagas y
exterminios;
Por acciones propias o de la
Madre naturaleza está plena de
Sequías, inundaciones y diluvios,
Terremotos y tsunamis,
Huracanes y volcanes,
Fuegos terrenales y celestiales,
Y todo cuanto más sabemos de
Miserias y sin sabores.

También sabemos que han sido comunes las pandemias,
hambrunas, enfermedades, terrorismo, guerras y
genocidios, entre la misma especie y con otros seres
animales o vegetales, sin más razón que la ausencia del
sentido común y, la asegurada llegada, de la muerte
entre un dolor y más dolores.

La arquitectura sublime de la Vida,
Creación de Dios, se sustenta en la energía
Del Amor y la existencia eterna.

Nadie ha conocido antes cuando ocurriría su
nacimiento
Ni las circunstancias de tal evento;
Muy pocos concientizan que sólo son pasajeros fugaces y
efímeros en este mundo;
Y otros muchos, aceptándolo a regañadientes,
No saben en cuál lugar o qué día se esfumarán,
Sin conocer cómo, ni cuándo.

Pocos reconocemos que las acciones humanas son
infinitamente limitadas y frágiles,
Y casi todos, al final terminamos aceptando vuestra
absoluta vulnerabilidad, y creyentes o no, la existencia
y presencia de Dios Omnipresente.

Mientras tanto, cuanto todo va discurriendo
En la dimensión espacio-tiempo,
Vuestro ser existencial en la
Búsqueda de su esencia,
Ante la mirada incrédula de la
Pureza de su espíritu,
En cada etapa de su transitoriedad en esta vida,
Se debate entre lo material, terrenal y tenencia de
riqueza,
Sin conciencia, que lo poseído no le pertenece,
Y que llego a este mundo sin nada, y sin nada se va,
Y que más temprano que tarde,
Será un olvido sin recuerdo, mucho antes que la
memoria infinitesimal de su generación se dé cuenta,
Y otra después, nadie lo recordará,

Ni siquiera antes de que sus cenizas vuelen entre las
Tinieblas y luciérnagas del firmamento celestial.

Oh, Dios! Entonces que nos depara el destino?
Hijo, la tragedia actual causada por la pandemia Covid
19, cómo ha ocurrido en el pasado, será superada por la
Humanidad.
El Homo Sapiens cambiará en muchas de sus facetas
Para mantener su supervivencia como especie,
Pero en este nuevo ciclo evolutivo,
No será vuestra inteligencia ni lucha material,
Sino el Amor con vosotros mismos y semejantes lo que
nos permitirá vivir con Fe y Esperanza, y abrir los
senderos de la Compasión para alcanzar la
Felicidad antes de regresar de donde vinimos:
El Universo.

71. Verdad y vida.

La verdad en la vida,
La crea tus pensamientos.
Nace de sentimientos;
Compleja enredadera.

Una actitud positiva
Te eleva al optimismo.
Una negativa,
Te hunde al pesimismo.

La Verdad no existe sin la Fe.
Como binomios de la razón,
Requieren que andemos largos caminos,
Antes de alcanzar nuestros destinos.

En esa marcha por la vida,
Lograremos la verdad con el uso de la razón,
Una y otra nos permitirán
Adquirir la inteligencia del Amor.

72. Nostalgia Azteca.

Los días se van
Como el rocío de las rosas.
Cuantos mundos los añoran,
Dice el trovador en humildes prosas.

No sabemos que viene,
Sino cuando ya lo tenemos.
Sólo sabemos que conviene,
Al momento que lo perdemos.

Que nostalgia embriagadora,
La vida nos enseña,
Cual madre atesora,
Su amor en hijos como calor a leña.

Mil delirios, muchos sueños,
Como vientos y olas en la Mar,
Vagan sin cesar,
Sin destinos ni dueños,
Capotando puertos donde atracar....

73. Laurdadele -by -the -Sea.

Cierto día de invierno
Frente a Fort Laurdadele Sea,
Donde la brisa marina suele gritar,..... arrullar,
Me dormí en gripe de infierno.

Una graciosa piedra coralina
Me vino a despertar,
En sus manos con una flor divina
Al mundo recordarme amar.

No narrar esta historia,
Cien ráfagas de amor,
Es vivir sin memoria
O alcanzar la muerte sin dolor.

Suelen vibrar corazones,
Los ángeles, canciones mil cantar,
Sin pétalos ni razones,
Las doncellas quieren admirar.

Aprecia saber que lo bello
Del vivir
Te lo ha escrito Dios
En destinos por venir.

74. A......Dios!

Si muero hoy,
Regad los árboles.

Si muero mañana,
Sembrad sus flores.

Si muero otro día,
Cosechad almas y amores.

75. Relática de la Sensatez.

No Digas todo lo que Sabes,
Porqué quien dice todo lo que sabe
Muchas veces dice lo que No Conviene*

No Hagas todo lo que Puedes,
Porqué quien hace todo lo que puede
Muchas veces hace lo que No Debe*

No Creas todo lo que Oyes,
Porqué quien cree todo lo que oye
Muchas veces cree lo que No Puede ser*

No Juzgues todo lo que Ves,
Porqué quien juzga todo lo que ve
Muchas veces juzga lo que No Es*

No Gastes todo lo que Tienes,
Porqué quien gasta todo lo que tiene
Muchas veces gasta lo que No Posee*.

> ** Composición de pensamientos anónimos*
> *hallados inscritos en una cuadrícula en*
> *un mural de las ruinas de la ciudad de*
> *Persepolis, durante el reinado de*
> *Darío I (AC 522 – 486).*
> *El original se encuentra en un cimiento*
> *de mármol en Ciudad del Vaticano.*

76. No Hay.

Sencilla expresión en el leguaje de Cervantes para explicar algo que no existe, es decir la ausencia de algo que se desea pero que al momento que se solicita está ausente o agotado, y que guarda relación directa con el principio causa - efecto.

En Venezuela, las profundas crisis política, economía y social gestadas en los últimos 20 años han producido una destrucción y devastación en prácticamente todos los sistemas generadores de bienes y servicios, incluyendo los derechos civiles y humanos, necesarios para vivir en una sociedad en paz y libertad.

"No hay", en nuestro país ha pasado de expresión sencilla a ser sinónimo de angustia, preocupación, nerviosismo, carrera desenfrenada, carencia o ausencia parcial o total de algo, etc. pues los ciudadanos hemos venido perdiendo cosas o asuntos comunes o elementales, que habíamos alcanzado en años anteriores para la satisfacción de nuestras necesidades básicas: primarias, fisiológicas, seguridad, afiliación, reconocimiento y auto realización, según la escala de jerarquización reconocidas en la Teoría de la Motivación Humana,

explicada por Abraham Maslow en su pirámide de la conducta y vida del individuo en sociedad.

"No hay", lo sufre el ciudadano en cualquier rincón de las regiones del país en cuanto a carencias de: agua, electricidad, gas, gasolina, telefonía, televisión, empleo, transporte, vivienda, educación, recolección de basura, salud integral, suficiente comida, dinero circulante, seguridad, medicinas, industrias, turismo, tierras sembradas, ganaderías, conservación ambiental, tecnología, etc.

Realmente se está viviendo una tragedia humana sin precedentes en la medida que se arrecia la suma de falta de otros bienes y servicios con las consecuencias inmediatas de una degradación y pérdida constante de la calidad de vida de la población.

Como en una pesadilla real, el país está siendo llevado por el camino de la "cubanizacion" a una sociedad resignada y sometida a las migajas dadas por los gobernantes del Estado como si los ciudadanos fuésemos zombis, eunucos o siervos de la gleba en el siglo XXI, sin derechos civiles ni humanos y desinformados, que cuanto menos sepamos de la verdad, mucho mejor.

Sin embargo, "No hay mal que dure 100 años ni cuerpo que lo resista", así como también debemos recordar que "No hay mal que por bien no valga". No es pesimismo, ni aceptación, sino reconocer la triste realidad que estamos viviendo, y por consiguiente levantaros dispuestos a luchar y trabajar por el renacimiento y reconstrucción de la Patria desde este mismo momento.
"No hay" más tiempo que perder ni que esperar.
Venezuela Despierta!

Made in the USA
Columbia, SC
14 November 2023

26111439R00036